RELATION

DES REJOUISSANCES

FAITES PAR LA VILLE D'AVIGNON,

Pour célebrer la Naiſſance de Monſeigneur le Duc de Bourgogne, Petit Fils de Louis XV. dit le Bien Aimé Roi de France & de Navarre les 24. 25. & 26. Octobre 1751.

ETANT CONSULS

Illuſtres & Magnifiques Seigneurs M. M. JOSEPH-IGNACE COMTE DE VILLENEUVE, Seigneur de Saint Maurice aux Baronies en Dauphiné, les Martignans, Coutelet & autres Places, Comte du Saint Empire Romain, Grand-Croix de l'illuſtre Ordre de Saint Michel de S. A. S. Electorale de Cologne, Gentilhomme ordinaire de la Chambre du Roi: JOSEPH CHARLET SIEUR DE BEAUREGARD & FRANÇOIS CHOUVET MEISSONNIER, étant Aſſeſſeur Noble & Illuſtre Perſonne LOUIS JOSEPH BAYOL Docteur ez Droits.

Par François Morenas Hiſtoriographe de la Ville.

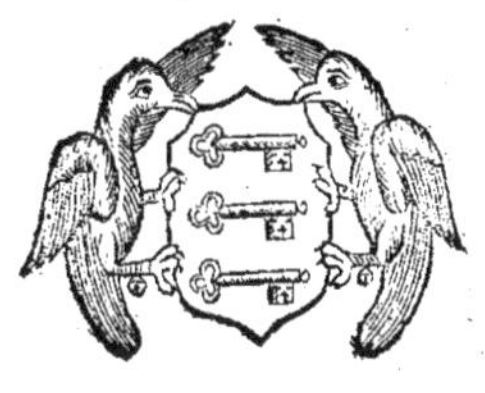

A AVIGNON,

Chez FRANÇOIS JOSEPH DOMERGUE, Marchand Libraire & Imprimeur de la Ville, de l'Univerſité & de M. le Viguier.

Avec Permiſſion des Superieurs. 1751.

EPITRE

A MADAME LA DAUPHINE

ADAME,

L A Naiſſance de l'Auguſte Prince , à
qui **VOTRE ALTESSE ROYALE**
a donné le jour , n'a pas moins comblé

les Vœux de la Ville d'Avignon, que ceux de tout le Royaume ; & les transports de joye que ses Habitans ont fait éclater, pendant les Fêtes qui y ont été célebrées à l'occasion d'un evenement aussi interessant, ne font encore qu'une foible expression de leurs sentimens.

Oüi, MADAME, la Ville d'Avignon prendra toujours à tout ce qui regarde la Maison Royale de France, autant de part que les propres Sujets de Sa Majesté ; la Reconnoissance qui anime son zele ne lui permet pas de garder le silence ; & c'est pour en éternifer les Témoignages que ses Magistrats ont aujourd'hui l'honneur de préfenter à VOTRE ALTESSE ROYALE la Relation des Fêtes , par lesquelles ils ont taché de les faire paroître.

Nous sommes avec un très profond respect,

MADAME,

De votre Alteſſe Royale ,

Les très-humbles & très obéïſſans Serviteurs

Les Conſuls & Aſſeſſeur de la Ville d'Avignon.

REJOUISSANCES
FAITES
PAR LA VILLE D'AVIGNON

A Ville d'Avignon doit son origine aux prémiers Habitans de la Gaule Méridionale, & l'Histoire nous aprend qu'Elle a été successivement alliée des Phocéens Fondateurs de Marseille, & des Romains qui vinrent au secours de ces Peuples attaquez par leurs Voisins.

Du tems des premiers Césars, par préference à toutes les Villes de la Narbonoise, Ellé fut nommée Colonie Romaine *Colonia Romana* & après avoir suivi le sort des Domaines de l'Empire, Elle a été possedée par les Bourguignons, les Ostrogoths, les Rois d'Austrasie, les Sarrasins, les Rois de France de la Seconde Race, les Rois d'Arles, les Empereurs d'Allemagne, & les Comtes de Toulouse & de Provence, Elle s'est ensuite gouvernée en République Imperiale pendant plus d'un siécle ; & ayant enfin passé sous la Domination des, Souverains Pontifes, Elle a toujours sçû allier à la fidelité qu'Elle

A

leur doit comme à ſes Maîtres, la reconnoiſſance la plus parfaite envers les Rois Très Chrétiens ſes Bienfaiteurs.

DANS tous les tems, cette Villë que Céſar lui-même a qualifiée de *Seconde Rome*, s'il faut s'en raporter au témoignage de Jean Monard de Vautret cèlebre Juris-Conſulte du XVII. ſiecle ; (*) mais à qui ce titre eſt d'ailleurs ſi légitimement dû par le ſéjour que les Papes y ont fait pendant plus de ſoixante & douze ans au commencement du XIV. ſiecle, a toujours pris beaucoup de part à tout ce qui peut intereſſer les Rois de France, Fils Ainez de l'Egliſe. Avenemens à la Couronne, Naiſſance des Héritiers préſomptifs, Retabliſſement de la Santé des Princes pour qui le Royaume a formè des Vœux, Paſſage des Princes du Sang par ſon Territoire : dans toutes ces differentes circonſtances, la Ville d'Avignon a donné les preuves les plus éclatantes de ſon zéle.

LA Naiſſance de Monſeigneur le Duc de Bourgogne comblant les Vœux de Louis le Bien-Aimé, de la Famille Royale & de toute la France, affermit la paix dont l'Europe jouit aujourdhui par la bonté de ce Monarque, qui après les Victoires les plus ſignalées, a ſacrifié ſes propres interêts pour la procurer ; & c'eſt une de ces Epoques que la Ville d'Avignon a voulu célebrer avec cette diſtinction qu'Elle a toujours marqué dans les Fêtes publiques. Elle a été en même tems animée par ce qu'Elle doit à ſon illuſtre Gouverneur, Mgr. Paſcal Aquaviva d'Aragona, digne Héritier du zéle & de l'attachement de ſa Famille pour les Branches de l'Auguſte Maiſon de Bourbon, qui regnent ſur les Eſpagnes & ſur une Partie de l'Italie : auſſi peut-on dire ſans hiperbole qu'il ſeroit difficile de donner des Fêtes plus brillantes, & où tout ſe fût paſſé avec cette décence & même cette majeſté qui les ont faites admirer. Son Excellence & M. M. les Conſuls

---

(*) M de Vautret dans un Eloge de la Ville d'Avignon dedié aux Cardinaux de Richelieu & Barberini, cite ce paſſage qu'il prétend être dans les Opuſcules de Céſar : *glorior in mea Civitate Avenionenſi, quam alterum Romam exiſtimo.*

ont agi dans le plus parfait accord, & n'ont rien oublié pour que tout fût digne du Sujet qui occasionnoit les Fêtes.

LA nouvelle de l'heureuse Naissance de Monseigneur le Duc de Bourgogne, étant parvenuë dans Avignon, on tint le 24. Septembre à l'Hôtel de Ville un Conseil ordinaire & extraordinaire ; & on y délibera de témoigner de nouveau, dans cette occasion, au Roi Trés-Chrétien & à la Famille Royale, l'intérêt particulier que la Ville d'Avignon prend à tout ce qui peut leur arriver d'heureux. Le Conseil laissa M. M. les Consuls & l'Assemblée ordinaire du Corps de Ville, en pleine liberté de faire tout ce que les circonstances pourroient permettre. Cette Assemblée étoit composée de M. Joseph-Louis de Bonneau, Chanoine Théologal de la Métropole, & Primicier de l'Université ; de M. Pierre-François de Pertuis, Archidiacre ; & M. Benezet de l'Eglise, Chanoine de la même Eglise ; de M. Pierre Benezet Louvet, Chanoine de St. Agricol ; de M. Pierre Mounier, Chanoine de St. Pierre ; & de M. Esprit Laget, Chanoine de Ste. Magdelaine, Deputez du Clergé ; & de M. M. Esprit Veran Deribiers, Joseph de Thomas de St. Laurent, Thomas Tessier, & Jean-Baptiste-François Bonneau de Croiset, Députez de l'Université ; le Conseil y joignit six Députez extraordinaires à l'occasion des Réjouissances : sçavoir pour la Premiere Main M. M. Paul-Augustin de Salvador de Pertuis, Chevalier, Seigneur de Saint Amant, & Jean-François de l'Eglise, Chevalier : pour la Seconde Main M. M. Jean-François Mantillery, & Antoine-Joseph Louvet, & pour la Troisiéme Main M. M. Dominique Courtet & Pierre Branche.

M. M. les Consuls raporterent le même jour à Mgr. le Vice-Legat la Déliberation du Conseil ; & ayant fixé avec Son Excellence les Fêtes publiques aux 24. 25. & 26. Octobre, on publia une Ordonnance portant : que durant ces trois jours les Boutiques fussent fermées ; qu'il se fît par-tout des Feux de joye ; que la Façade des Maisons fût illuminée à l'entrée de la nuit ; que toute la Bourgeoisie prît les

Armes, pour former un Bataillon, qui pendant les Fêtes montât la parade, & joignît des Décharges de Mousqueterie aux Salves de l'Artillerie, qui devoient se faire entendre plusieurs fois par jour ; & que tout le Monde assistât aux Prieres Publiques dans l'Eglise Métropolitaine, en action de graces de ce que le Ciel a donné un nouvel Héritier à la Couronne de France.

CETTE Ordonnance fut exécutée de la part des Habitans avec une exactitude, qui a fait voir avec quel empressement ils sont toujours prêts de seconder le zéle de leur Gouverneur & des Magistrats ; M. de Folard, Major de la Ville, eut soin que la Milice fût en état de paroître sous les Armes le Samedi 23. Octobre, & fit former de chaque Parroisse, au nombre de sept, autant de Compagnies de cent hommes; la Ville donna aux Soldats des Cocardes rouges, bleuës & blanches, qui sont les couleurs de la livrée de France & de la sienne ; & les Sergens & Caporaux eurent des Echarpes de Tafetas, bordées de Rezeaux d'argent, dont la couleur assortissoit celles des Drapeaux, qui distinguoient chaque Compagnie.

IL avoit été résolu de faire élever devant l'Hôtel de Ville un Arc de Triomphe, & de tirer un magnifique Feu d'Artifice, les Prixfaits ayant été donnez, Mgr. le Vice-Legat & M. M. les Magistrats allerent journellement voir les préparatifs, & animer les Ouvriers par leur présence.

LES Habitans des Villes voisines d'Avignon, sont ordinairement très-empressés de voir les Fêtes publiques qu'on y donne; on fit sçavoir le jour auquel celles-ci devoient être celebrées, & dez le 23. il y eut quantité d'Etrangers.

LA Métropole, désignée pour les Prieres publiques, est une Eglise bâtie en l'honneur de la Sainte Vierge par le grand Constantin, après le Concile d'Arles, où les Donatistes furent condamnez, au commencement du IV. siécle : elle fut ruinée dans le VII. par les Sarrasins, qui se rendirent maîtres d'Avignon, & mirent la Ville à feu & à sang ; & elle est aujourd'hui un Monument de la piété de Charle-Magne, Empereur & Roi de France, qui la fit rebâtir dans le VIII. ſiécle; cette Egliſe fut décorée avec cette magnificence, qui attire l'admiration de tout le monde les jours des grandes Solemnitez ; & la décoration étoit accompagnée de la plus brillante Illumination, par la quantité de Luſtres de Criſtal, de Girandoles & de Bras garnis de Bougies & de flambeaux, dont la lumiere réflechie dans un grand nombre de Glaces artiſtement placées dans le fond de l'Egliſe, au-deſſus du Jubé & autour des Tribunes, offroit un coup d'œil ébloüiſſant; le Portrait de Monſeigneur le Dauphin, étoit ſous un riche Dais contre la Baluſtrade du Jubé ; & les Armes de Monſeigneur le Duc de Bourgogne ſur la Porte de l'Egliſe, dans un Cartouche orné de tous les Attributs qui conviennent à ce Prince.

LA groſſe Cloche de cette Egliſe Métropolitaine, une des plus belles de l'Europe, & qu'on ne ſonne que dans les occaſions les plus ſolemnelles, annonça le 23. au ſoir le commencement des Fétes; & une Salve d'Artillerie en fit l'ouverture le 24. à la pointe du jour. A ce bruit on entendit renouveller les Cris de Vive le Roi & la Famille Royale, qu'une nombreuſe Populace pouſſoit journellement, depuis qu'on travailloit à l'Arc de Triomphe & à l'Edifice du Feu d'Artifice.

SUR les huit heures du matin la Bourgeoiſie parut ſous les Armes dans la Place du Palais, s'y rangea en Bataille, & défila enſuite ſur quatre de hauteur, pour aller faire le tour de la Ville. Sur les deux heures après midi elle ſe raſſembla de nouveau, & ſe rangea en Bataille, pour attendre Mgr. le Vice-Legat, qui ce jour-là devoit faire chanter le *Te Deum* dans la Métropole, afin de border la haye en face de l'Eſcalier, lorſque le Cortege défileroit : tandis que la Garniſon ordinaire, les Officiers à la tête en habits uniformes, étoit ſous les armes vis-à-vis le Palais.

Le *Te Deum* devoit commencer à 5. heures & demi : à 5. heures, M. Joseph-Louis-Dominique de Cambis, Chevalier, Marquis de Velleron, Colonel general de l'Infanterie de la Ville d'Avignon & du Comté Venaissin, & Viguier d'Avignon pour Notre Saint Pere le Pape : M. M. les Consuls & Assesseur, suivis des Officiers de Ville, & précedez par les Fanfares & leur Cortege de Céremonie, se rendirent au Palais pour accompagner Mgr. le Vice-Legat. M. M. les Officiers de la Legation & du Palais Apostolique & M. M. les Magistrats des differens Tribunaux, comme le Vice-Gerent, les Juges de la Cour Ordinaire de Saint Pierre & les Auditeurs de la Rotte, s'y étoient déja rendus sur l'invitation qui leur avoit été faite de la part de Son Excellence : le Cortége étant prêt, Mgr. le Vice-Legat sortit à pied du Palais, précedé par la Compagnie des Chevau-Legers, la Garde Suisse, toute la Noblesse de la Ville, une partie de celle du voisinage, qui se trouvoit dans Avignon, & quantité de Notables. Les Domestiques de Son Excellence, à qui M. M. les Consuls avoient fait donner des Cocardes pareilles à celles de la Bourgeoisie, fermoient la marche.

Mgr. le Vice-Legat fut reçû à la Porte de la Métropole par le Chapitre en Corps, qui l'accompagna jusqu'au Trône Pontifical, qui lui est destiné lorsque Son excellence tient Chapelle. Un monde prodigieux, parmi lequel une quantité étonnante d'Etrangers remplissoit la Place, pendant que le Cortege défila, mais il n'y en avoit pas moins dans l'Eglise : tout étoit plein dans le Chœur, dans les Chapelles & dans les Tribunes. Au moment que M. l'Abbé de Brantes, Chanoine & Penitencier, qui officioit ce jour-là, eût entonné le *Te Deum*, une Salve de plus de quatre-vingt piéces d'Artillerie, annonça ce Cantique d'actions de graces ; & à cette nombreuse Artillerie, le Bataillon de la Bourgeoisie rangé dans la Place du Palais, joignit plusieurs Décharges de Mousqueterie.

9

Le *Te Deum* fut chanté par un des plus beaux Chœurs de Musique qu'il y eût eu depuis long-tems dans Avignon ; il étoit composé de plus de cent cinquante Sujets en voix ou en instrumens, choisis parmi ce qu'il y a ordinairement dans la Ville, parmi ceux du Concert qu'on y a établi depuis plusieurs années, & parmi ceux de l'Academie Royale de Musique de Marseille qui depuis un mois se trouvoit dans Avignon. On executa le *Te Deum* du sieur de la Lande ; & tout repondit au goût & à l'harmonie qui regnent dans les Ouvrages de ce célebre Maître de la Chapelle du Roi de France : les Chœurs où le son des Trompettes & des Timbales se trouve mêlé avec celui des autres Instrumens, furent sur-tout admirez, dans cette Piece de musique.

LORSQUE le *Te Deum* fut fini, Son Excellence retournant au Palais avec le même Cortege qui l'avoit accompagné, s'arreta au milieu de la Place pour mettre le feu à un grand Bucher qu'Elle avoit ordonné d'y dresser ; & dans le moment le Palais Apostolique qui est d'une étendue presque immense, & dont les Tours par leur hauteur prodigieuse & leur solidité font les précieux restes de la magnificence des Papes qui l'ont fait bâtir & inspirent par leur antiquité le respect & la véneration, parut illuminé en dehors & en dedans, depuis le Faite jusqu'aux premieres croisées du Rez de Chauslée, par une quantité innombrable de Pots à feu & de Lanternes, au-travers desquels on voyoit alternativement les Armes de Notre Saint Pere le Pape & celles de Monseigneur le Duc de Bourgogne : le Palais Archiépiscopal, la Tour & la Façade de la Métropole furent pareillement illuminez.

M. M. les Viguier, Consuls & Assesseur ayant reconduit Son Excellence dans le Palais, retournerent à l'Hotel de Ville précédez par les Fanfares, & y allumerent un Feu de joye au milieu de la Place ; ce qui fut le signal pour tirer les cent douzaines de Fusées, qui ce soir-là devoient accompagner l'Illumination générale de la Ville & les Feux de joye de chaque Particulier. On tira ces Fusées du haut du Clocher de l'Eglise de St.

C

Agricol, prémiere Paroiſſe de la Ville, & qui étant peu éloignée de l'Hotel de Ville, procuroit à tout le monde la facilité de voir l'Artifice des differens quartiers. La Tour de cet Hôtel, qu'on decouvre de plus de deux lieuës de quelque côté qu'on vienne dans Avignon, étoit illuminée depuis la Giroüette juſqu'aux Crenaux qui bordent l'enceinte du Batiment, par pluſieurs milliers de Pots à feu qui formoient diverſes Piramides de lumiere dont on avoit de la peine à ſoutenir l'éclat.

MAIS rien n'étoit comparable à l'arc de Triomphe élevé contre la Barriere de l'Hôtel de Ville. Cet Edifice qui avoit cinquante pieds de hauteur ſur trente de largeur, repréſentoit un grand Portique dont l'Avant-Corps étoit formé par quatre Colomnes couplées de Porphyre, d'ordre Corinthien, avec leurs Baſes & Chapitaux de Bronze doré ; & le fond de Marbre blanc veiné étoit orné par des Trophées en or, & par deux Emblêmes en Camayeux.

LE premier Emblême repréſentoit la Religion, figurée par une Femme voilée, qui a du feu dans ſa main gauche, & dans la droite un Livre & une Croix : ce qui déſigne que ſes Miſtéres ſont ſecrets, que la Croix eſt ſon Etendart ; les Loix qu'elle ſuit, l'Evangile ; & qu'elle brule du divin amour. Avignon ayant été le ſéjour des Papes ; & depuis ce tems-la ſe trouvant faire partie du Domaine du Saint Siége, rien n'intéreſſe tant cette Ville que les progrez de la Religion : Or comme les Princes de la Maiſon de France en ſont les zélez Défenſeurs, dans cet Emblême la Religion voyant un nouvel Aſtre, qui paroiſſant ſur l'horiſon, indiquoit la Naiſſance de Monſeigneur le Duc de Bourgogne Petit-Fils du Roi Très Chrêtien, Fils Ainé de l'Egliſe ; & ſe ſouvenant de la piété de Monſeigneur le Duc de Bourgogne Petit Fils de Louis le Grand, & Ayeul de ce jeune Prince, qui en ſera le digne Héritier, elle s'écrioit dans les tranſporte de la joye : HOC NOVO SIDERE CORUSCANS, *Ce nouvel Aſtre me donnera un nouvel éclat.* Cet emblême ne faiſoit pas moins allufion à la pieté de Monfeigneur le Dauphin & de Madame la Dauphine qui font l'exemple de toute la Cour.

LE fecond Emblême défignoit particulierement la Ville d'Avignon fous le fimbole de la Fidelité, qui étoit répréfentée par une Femme vêtuë de blanc, ayant en l'une de fes mains un Cachet & une Clef, & montrant de l'autre une Thiare pofée fur deux Clefs en fautoir pour marquer le Saint Siége, & un vafe rempli de Lis pour repréfenter la France. La Légende qui étoit autour expliquoit cet Emblême par ces mots : UTRIQUE SEMPER INTEMERATA, *Toujours inviolable pour l'un & pour l'autre.*

Cette Femme avoit encore un Chien à fes pieds : animal qui a toujours paffé pour le Simbole de la Fidelité, que défignoient encore la Clef & le Cachet dont on fe fert pour fceller & pour ferrer les chofes que l'on veut tenir fecretes. La Ville d'Avignon pouvoit à jufte titre adopter cette Devife ; l'experience a fait voir dans tous les tems quelle a été fa fidelité pour le faint Siége & pour la France.

L'ENTABLEMENT du Portique du même Marbre que l'Edifice étoit terminé par les Armes de Notre Saint Pere le Pape BENOIT XIV. heureufement regnant, fuportées par deux Anges au milieu des nuages ; & depuis le Couronnement jufqu'au bas de la Corniche un grand Camayeux répréfentoit d'un côté le Genie de la France ayant entre fes bras Monfeigneur le Duc de Bourgogne tendant les mains à la Ville d'Avignon, qui paroiffoit de l'autre à genoux préfentant à ce Prince les Armes de la Ville ; elle étoit figurée par une Femme qui a une Couronne Murale fur la tête & couverte d'un Manteau parfémé de Clefs en fautoir. Elle avoit à fes côtez un Lion tenant un Rat fous fa patte, & un Aigle, animaux qui ont fouvent montré combien ils étoient reconnoiffans & ennemis de l'ingratitude. Sans recourir à la Fable du Lion & du Rat, par laquelle Efope a prétendu peindre la Reconnoiffance & faire voir qu'un Bienfait n'eft jamais perdu ; il faut s'attacher ici à ce que l'Hiftoire nous apprend du Lion & de l'Aigle par lefquels étoit exprimée fimboliquement la Reconnoiffance de la Ville d'Avignon envers la France , pour les Priviléges que les Rois Très-Chrêtiens lui ont fucceffivement accordez ou confirmez depuis Louis XI.

AULU-GELLE(*a*) & Elian (*b*) raportent qu'un nommé Androde, Dace de Nation, Efclave d'un Romain en Afrique, s'étant fauvé dans une Forêt après avoir quittè fon Maître , vit venir à lui un Lion qui pouffoit des rugiffements horribles par la douleur que lui caufoit une épine qu'il avoit fous la patte, L'Efclave qui fe crut perdu, chercha fon falut dans la fuite; & s'arrêta enfin auprez d'une Caverne. Le Lion à qui l'inftinct dictoit que cet Homme pouvoit le foulager , fuivit l'Efclave ; & l'ayant atteint , il fe jetta par terre , lui montra fa patte & le careffa. Androde , enhardi par la pofture du Lion , en prit la patte & en ayant tiré l'épine fit fortir le fang qui s'étoit caillé dans la playe , il pila quelques brins d'herbes & les y appliqua. A quelque tems de-la cet Efclave fut arrêté ; & ayant été ramené à fon Maître , il fut condamné felon les Loix à être devoré par les Bêtes. Le jour de fon fupplice devoit être celui des Jeux publics dans le grand Cirque ; on le conduifit à l'Amphithéatre : mais le Lion qu'on lacha contre lui étant le même à qui il avoit arraché l'épine du pied ; & qui après avoir été guéri s'etoit trouvé pris dans les filets & avoit été mis dans l'Amphithéatre ; l'Animal furieux qui couroit à la proye , reconnoiffant tout d'un coup fon Liberateur , au grand étonnement de tous les Spectateurs, fe jetta à fes pieds & le careffa. Le Peuple cria au prodige, l'Efclave eut fa grace ; & on lui donna le Lion, qui le fuivoit enfuite partout comme auroit fait un Chien.

L'Aigle ne fut pas moins reconnoiffant ; une Fille de Cefte l'avoit nourri , & il lui faifoit part de tout le Gibier qu'il prenoit. Cette marque de reconnoiffance lui parut cependant encore

<hr>

(a) Livre V. chap. 14.   (b) Variar. Hiftor,

encore trop foible : voyant cette Fille morte , il en eut tant de regret , qu'en préfence de tout le Peuple il fe jetta dans le Bucher qu'on avoit allumé pour bruler fon Corps.

MAIS comme la Reconnoiffance, pour être parfaite, doit durer toujours , afin d'exprimer celle de la Ville d'Avignon , la Figure qui la repréfentoit tenoit un gros clou à la main pour marquer qu'un bienfait dans un Cœur reconnoiffant y eft auffi profondement gravé qu'un gros clou tient dans une piece de bois où il a été enfoncé. Enfin la Reconnoiffance de la Ville d'Avignon étoit exprimée par l'Infcription fuivante qu'on lifoit fur la Frife de l'Arc de Triomphe ; **NEC PATRI NEC NATIS DEERIT S. P. Q. A.** *La reconnoiffance du Senat & du Peuple d'Avignon fera éternelle pour le Pere & pour le Fils.*

TOUT cet Edifice étoit éclairé par des Lampions qui bordoient les differentes parties de l'Architecture & en faifoient parfaitement diftinguer tous les Ornemens. L'efpece d'Avant-Cour qui eft entre la Barriere & la Façade de l'Hôtel de Ville formoit une magnifique Salle décorée par de riches Tapifferies & ornée de Bras portant des Flambeaux de Cire blanche. Les Armes de Monfeigneur le Duc de Bourgogne étoient placées au milieu du Fronton de la Porte fur un riche Tapis de points ; & lorfque M. M. les Viguier, Confuls & Affeffeur fortoient de l'Hôtel de Ville, ou y revenoient après les fonctions ; au bruit des Fanfares qui les accompagnoient, fe mêloient le fon des Tambours de la Garde Bourgeoife qu'il y avoit nuit & jour, & plufieurs Décharges de la Moufqueterie.

Mgr. l'Archevêque fit chanter le 25. au matin à l'iffuë de la Grande-Meffe un *Te Deum* folemnel ; & dans cette matinée la Garde Bourgeoife monta encore la Parade & fit le tour de la Ville. Sur les deux heures elle fe raffembla dans la Place du Palais, pour y attendre M.M. les Viguier , Confuls & Affeffeur , qui précedez des Fanfares & fuivis de tout le Corps de Ville, devoient monter à la Métropole fur les cinq heures, pour y faire

D

chanter en particulier le *Te Deum*. Le Cortege de la Ville étoit également nombreux & brillant ; & on le vit défiler au milieu de la Bourgeoisie sous les Armes qui bordoit la Haye dans la Place , & qui se rangea ensuite en Bataille pour faire diverses Décharges de Mousqueterie pendant la Salve de toute l'Artillerie qui fut renouvellée au moment qu'on eut entonné le *Te Deum*. Il fut chanté par le même Chœur de Musique quele jour précedent ; & la Salve d'Artillerie fut encore le signal de l'Illumination générale. Après le *Te Deum* M. M. les Viguier , Consuls & Assesseur retournérent à l'Hôtel de Ville & mirent le feu à un autre Bucher dressé au milieu de la Place ; & à l'instant on tira encore du Clocher de Saint Agricol la même quantité de Fusées que la veille.

LE 26. au matin la Garde Bourgeoise fut de nouveau sous les armes à huit heures ; & après avoir fait le tour de la Ville , elle se rendit encore dans la Place du Palais , pour y border la Haye pendant que M. M. les Viguier , Consuls & Assesseur viendroient à la Métropole avec le même Cortege que les jours précedens , pour faire chanter en Musique une Messe Solemnelle d'actions de graces , pendant laquelle il se fit une nouvelle Salve de l'Artillerie & plusieurs Décharges de la Mousqueterie La Bourgeoisie revint sur les trois heures après midi dans la Place , à l'occasion du *Te Deum* que le Chapitre Métropolitain devoit faire chanter à cinq heures, & auquel Mgr. les Vice-Legat & M. M. le Viguier Consuls & Assesseur , avoient été invitez , avec tous les autres Magistrats. Elle accompagna encore par des Décharges de Mousqueterie une Salve d'Artillerie qui annonça ce *Te Deum* , qui , comme la grande Messe qu'on avoit celebrée le matin au nom de la Ville , fut chanté par le même Chœur de Musique qu'on avoit déja entendu. Les Illuminations & les Feux de joye recommencérent par-tout au premier coup de Canon ; & M. M. les Viguier , Consuls & Assesseur ayant reconduit Son Excellence au Palais , retournérent à l'Hôtel de Ville , & mirent le feu à un nouveau Bucher dressé au milieu de la Place , pendant que la Bourgeoiſie fit une derniere Décharge de ſa Mouſqueterie.

Il n'y eut point ce ſoir là de Caiſſes de Fuſées, comme les pré-cedens : c'étoit le jour deſtiné pour le Feu d'Artifice que la Ville avoit fait élever en face du Palais, & dont l'Edifice de quatre-vingt dix pieds de hauteur ſur ſoixante de largeur ſans les retours, étoit orné de tout ce qui pouvoit rendre l'Architecture brillante, & avoit dequoi attacher la curioſité des Citoyens & du grand nombre d'Etrangers que les Fêtes avoient attirez dans Avignon. Il étoit conſacré à la gloire du Roi, de Monſeigneur le Dauphin, de Madame la Dauphine & de Monſeigneur le Duc de Bourgogne par cette Inſcription placée ſur la Friſe au deſſus des Armes de M. M. les Conſuls : NOVAM BORBONIDUM PROLEM CELE-BRAT ALTERA ROMA ; *La ſeconde Rome célebre la Naiſſance d'un nouveau Prince de l'Auguſte Maiſon de Bourbon.*

CET Edifice repréſentoit trois Portiques élevez au deſſus d'un Bâtis appuyé ſur une Maſſe de Rochers. Celui du milieu qui for-moit l'Avant-Corps du Bâtiment d'Ordre Corinthien, avoit deux Colomnes Saillantes de Lapis-Lazuli dont les Baſes & les Chapi-teaux étoient de Bronze doré ; il étoit couronné par un Fronton de Marbre blanc, au milieu duquel étoient placées les Armes de Mgr. le Vice-Legat ; & trois Emblêmes ornoient le deſſous de l'Arceau. Celui du milieu repréſentoit l'Age d'Or, figuré par une Fille ſimplement vêtuë, & couronnée de fleurs, qui avoit à ſes côtez une Ruche de Mouches à miel couverte d'un Rameau d'O-liviers : attributs qui lui ſont conſacrez. La Guirlande de fleurs & ſon habillement ſimple déſignoient la pureté de l'Age d'or, du-rant lequel tout étoit ſans artifice ; la Ruche de Mouches à miel ſignifioit la vie douce que les Hommes ménoient dans cet heu-reux tems ; & le Rameau d'Oliviers, la parfaite tranquillité dont le Monde jouiſſoit : les guerres & les diſſentions, enfans de la Ja-louſie, n'étant point encore connuës, ce qui a fait dire à Mal-herbe ;

La Terre en tous endroits produiſoit toutes choſes,
Tous Métaux étoient Or, toutes Fleurs étoient Roſes,

Tous Arbres Oliviers.
L'An n'avoit plus d'Hyver, le jour n'avoit plus d'Ombre,
Et les Perles sans nombre.
Germoient dessous les Eaux au milieu des Graviers.

L'Age d'Or montrant d'une main la Ruche de Mouches à Miel & le Rameau d'Oliviers, couronnoit de l'autre Monseigneur le Duc de Bourgogne dans son Berceau ; & l'Emblême étoit expliqué par cette Legende : PERDURABUNT SATURNIA REGNA , *Il perpetuera le Regne de Saturne* , qui est le tems de l'Age d'Or selon les Poëtes.

LE second Emblême portoit une Tige de Lys , terminée par une Fleur entierement épanouïe & dans sa plus grande beauté , une autre Fleur à demi épanouïe sortoit du milieu de la Tige , & on voyoit au bas un Bouton qui venoit de se former. La Legende : DUM CRESCIT MULTIPLICAT , *Il multiplie à mesure qu'il croit* , faisoit allusion à la Famille Royale ; la Fleur dans sa plus grande beauté réprésentoit le Roi , la seconde Monseigneur le Dauphin , & le Bouton désignoit la naissance de Monseigneur le Duc de Bourgogne,

LE troisieme Emblême se raportoit encore à la Famille Royale ; le Roi étoit représenté par un Aigle à vol deployé , sixé au milieu du Ciel devant le Soleil ; Monseigneur le Dauphin , par un autre Aigle qui paroissoit à demi-vol au dessous du premier , & un Aiglon , qui du bord de son Nid sembloit prendre l'essor , désignoit Monseigneur le Duc de Bourgogne. La Legende : PATERNAM SEQUETUR VIAM , *Il suivra la route que son Pere lui trace* , exprimoit ce qu'on devoit attendre de ce jeune Prince , que la Posterité verra fidele imitateur de ses Augustes Ayeux les Rois & les Princes de la Maison Royale de France.

LES Armes de la Ville d'Avignon étoient posées au milieu de l'Arceau des autres Portiques , formés par des Pilastres du même Lapis Lazuli ; & sur des Paneaux de Marbre blanc qui composoient les Retours de l'Edifice à droite & à gauche , quatre

Emblêmes dans de grands Cartouches en or servoient d'ornement.

LE premier Emblême repréfentoit la VERTU INVINCIBLE de Monfeigneur le Duc de Bourgogne; & on y voyoit Pallas, qui préfide aux Armes, avec le Cafque en tête, appuyée fur fa Lance, & ayant au bras gauche fon Bouclier au milieu duquel étoit peinte la maffuë d'Hercule, avec ces mots tout au tour; NEC SORTE NEC FATO, pour faire entendre que la Vertu toujours Victorieufe & Triomphante ne releve jamais de l'Empire du Deftin; la Legende portoit ce qui fuit: SEMPER DUCE MINERVA, *Toujours conduit par Minerve*, que l'Illuftre Archevêque de Cambray, Précepteur de Monfeigneur le Duc de Bourgogne, Ayeul du jeune Prince, fait voir fous la figure de Mentor, conduifant le Fils d'Uliffe, afin d'inftruire ce Héros dans l'Art de regner.   (*)

DANS le fecond Emblême paroiffoit Hercule couvert de fa peau de Lion, qui d'une main tenoit fa Maffuë élevée, & de l'autre conduifoit un Lion & un Sanglier attachez de front, pour repréfenter la FORCE ET LE COURAGE de Monfeigneur le Duc de Bourgogne. Ces deux Animaux étant le Simbole de l'un & de l'autre, Hercule les tenoit attachez pour montrer qu'ils feront inféparables. La Legende portoit ces Paroles: UTROQUE GLORIABITUR, *Il fe glorifiera de l'un & de l'autre*.

PAR le troifieme qui repréfentoit Mercure tenant de la main droite fon Caducée, & de la gauche conduifant Pegafe qui paroiffoit prendre l'effor pour parcourir le Globe de la Terre, on vouloit marquer LA GLORIEUSE RENOMMEE du Prince. Mercure Meffager des immortels & le Dieu de l'Eloquence portoit leurs ordres fur la Terre comme dans l'Olympe; il défignoit ici la majefté de l'Hiftoire dans laquelle tout doit être au coin de la Verité, qui eft la Fille du Ciel; & Pegafe fignifioit la Poëfie confacrée pour les Héros; de forte que par la Légende: UNDIQUE

____

(*) Les Avantures de Telemaque.

E

PERVOLABUNT, *Ils voleront partout*, on entendoit que l'Hiſtoire & la Poëſie célebreront un jour partout de concert les Hauts Faits & la Vertu de Monſeigneur le Duc de Bourgogne.

DANS le quatriéme LA VERTU du Prince étoit encore plus particulierement déſignée par Bellerophon, qui monté ſur Pegaſe combattoit la Chimere & la tuoit d'un coup de Javelot. Ce Monſtre que les Anciens dépeignoient avec la tête d'un Lion, le corps d'une Chevre & la queüe d'un Dragon, exprimoit allegoriquement les Vices qui par leur difformité ſont comparez aux Monſtres avec raiſon; & Bellerophon parvenu à combatre & à tuer la Chimere par le moyen du Cheval ailé, montroit que la Vertu détruit toujours le Vice : Or c'eſt ainſi que Monſeigneur le Duc de Bourgogne viendra à bout de l'extirper, s'il oſe paroîrre à ſa Cour; & c'eſt ce que ſignifioit la Legende; SIC ET IPSE AD MONSTRA, *Il en agira ainſi lui même á l'egard des Monſtres.*

SUR l'entablement de tout l'Edifice s'élevoit un Attique en Baluſtres & Panneaux dont une Partie formoit le Piedeſtal de quatre figures de Bronze doré, repréſentant les quatre Vertus Cardinales : ces figures terminoient la Façade, & il y avoit des Trophées du même métail ſur les retours. Une Inſcription ſur châque piedeſtal animoit les figures, & ſe raportoit au Prince. On voyoit ſous la Juſtice : PER ME REGNABIT, *C'eſt par moi qu'il regnera;* ſous la Prudence : DIRIGAM GRESSUS EJUS, *Je dirigerai ſes pas :* ſous la Force : MECUM SUPERABIT HOSTES, *Avec moi il vaincra les ennemis;* & ſous la Temperance : IN MANU MEA COR EJUS, *Son cœur eſt dans ma main.* Tel eſt en quelque façon l'Horoſcope d'un Prince né pour être aſſis ſur le Trône de France qui à été occupé par un Saint Louis, d'un Prince né pour porter la qualité de Fils-ainé de l'Egliſe. Heureux les Peuples ſoumis à la Domination d'un Prince doüé de toutes ces Vertus!

C'eſt cette idée flateuſe qu'un Poëte Moderne * a ſi bien exprimée dans les Vers ſuivans, en parlant de ceux qui dans les pré-

______

(*) M. de Chevrier connu par pluſieurs Pieces qui ont merité les ſuffrages du Public.

fages qu'ils ont donné de ce que fera Monfeigneur le Duc de Bourgogne, fe font plus attachez aux Vertus Héroïques & guerrieres, qu'aux autres Vertus glorieufes & recommandables, qui contribuent au bonheur & à la tranquillité des Peuples.

Vous peignez un enfant les Foudres à la main,
  Et dez l'inftant de fa naiffance,
Vous le montrez armé du fer de la vangeance;
Faut-il pour le louër, nous l'offrir inhumain?
Sortez, triftes Auteurs de cette erreur profonde,
C'eft fous des Traits plus doux, des fignes plus heureux,
  Qu'en imitant fon Pere & fes Ayeux
Il obtiendra l'Amour de la France & du Monde.

L'ATTIQUE furmonté par un Couronnement qui rempliffoit le milieu de la Façade, étoit terminè par les Armes de France foutenuës par deux Renommées colorées & chantournées, qui s'appuyoient en partie fur des nuages & en partie fur la Corniche fous laquelle on voyoit un grand Cartouche entouré de nuages, triplé par les Armes de Monfeigneur le Dauphin & de Madame la Dauphine accouplèes, & par celles de Monfeigneur le Duc de Bourgogne que deux Anges fuportoient.

L'HYMEN tenoit d'une main celles de Monfeigneur le Dauphin & de l'autre fon flambeau, d'où fortoit un Ruban fur le lequel on lifoit ces Mots: NOSTRIS TANDEM SUPERI ANNUERE VOTIS, *Le Ciel a enfin comblé nos Vœux*; cette Legende convenoit parfaitement à l'Hymen, dont l'objet eft d'avoir une pofterité, & faifoit allufion aux Vœux qui ont été faits par tout le Royaume pour la naiffance de Monfeigneur le Duc de Bourgogne. L'amour foutenoit celles de Madame la Dauphine & portoit deux cœurs enflammez joints enfemble, entourez de cette Legende: OLIM VICTA NUNC VICTRIX, *Autrefois vaincuë aujourd'hui Victorieufe.* On défignoit par-là que la Saxe qui fut autrefois fubjuguée par les Armes des François, en eft aujourd'hui Victorieufe par l'Amour, depuis le Mariage de Madame la Dauphine, à qui Elle a donné le jour, & de qui defcendront les Princes, qui, après Monfeigneur le Duc de Bourgogne, poffederont la Couronne de France.

LES extremitez du Couronement, terminées en Confoles, portoient deux Dauphins peints au naturel; & de leur Nafeau fortoient des Fontaines d'eau, qui devoient fe changer en Fontaines de feu, lorfque l'Artifice joüeroit.

POUR voir commodément ce Feu d'Artifice, Mgr. le Vice-Legat avoit fait conftruire contre la Façade du Palais, vis-à-vis l'Edifice, une grande Galerie, capable de contenir une très-nombreufe Affemblée : & Son Excellence fit inviter toute la Nobleffe de la Ville de l'un & de l'autre Sexe, & toute celle des environs, qui fe trouvoit en très-grand nombre dans Avignon, de venir y prendre place. On commença de fe raffembler fur les fept heures du foir; l'Illumination du Palais Apoftolique, celle du Palais Archiépifcopal, de la Métropole & des Maifons, qui font au-tour de la Place, répandoit alors un éclat, capable de faire difcerner parfaitement les plus petits objets. Sur les neuf heures, on ne fçavoit où fixer la vûë, pour trouver quelque chofe de plus fatisfaifant d'un côté que d'un autre. On voyoit en face du palais l'Edifice garni de plufieurs milliers de lances à feu avec leurs Petards, & de quantité de Rouës & de Fontaines de feu; il y avoit au bas des Pots-à feu pleins de Parterres, des Caiffes de fufées & la canonade; & tout fe diftinguoit parfaitement : fur la galerie une nombreufe Affemblée de Dames & de Cavaliers tous plus fuperbement vétus les uns que les autres offroit à la lueur des lumieres un de ces coups d'œil frapans; & enfin la Place du Palais formée en Amphithéatre, qui dans fa plus petite largeur contiét plus de trente toifes & plus de deux cent dans fa plus petite longueur, étoit pleine d'un Monde infini de tout Etat, de tout Sexe & de tout Age; & cette Place, peut-être l'unique pour des

des Spectacles publics, méritoit une attention particuliere.

A NEUF heures M. le Viguier & M. M. les Consuls & Assesseur en Chaperon se rendirent au Palais précedez par les Fanfares ; & prirent place sur la Galerie a côté de Mgr. le Vice-Legat, qui étoit en habit de cérémonie. Après la derniere de douze Bombes qui devoient préceder l'Artifice, M. le Comte de Villeneuve premier Consul présenta à Son Excellence la mêche destinée à mettre le feu au Dragon, par le moyen duquel tout l'Edifice alloit être embrasé ; & ce Dragon eut à peine atteint la Roüe de communication, que toutes les lances à feu furent allumées ; & que le Ciel parut couvert d'étoiles que repandoient de toute part des Fusées sans nombre, qui partoient des differens endroits de la Machine. Des Tourbillons, des Fontaines de Pluye de feu, differentes Gerbes d'Artifice joüèrent en même tems, tandis que les Pots à feu dont le bas de l'Edifice étoit garni jettoient un nombre étonnant de Parterres, & que la Canonade imitoit parfaitement les divers Bruits de guerre qu'on entend pendant les attaques dans le Siege d'une Place. Tous les differens artifices varioient agréablement le coup d'œil, par le mêlange des differentes couleurs du feu, & par les diverses teintes de clair obscur, que la fumée laissoit appercevoir d'un instant à l'autre ; enfin quantité de Bombes offroient encore un nouveau Spectacle, également varié par la diversité des feux qu'elles repandoient dans les Airs.

LE succez repondit parfaitement à ce qu'on attendoit, & tout le Monde parut extrêmement satisfait; à une caisse de cinq cent fusées qui termina l'Artifice, succeda une salve générale de toute l'Artillerie, & cette salve paroissoit devoir faire la clôture des Fêtes; mais elles n'étoient point encore finies. Pendant que le Peuple couroit en foule pour voir les illuminations particulieres de la Ville, sçavoir : à l'Hôtel de M. le Marquis de Cambis Viguier, à celui de M. le Comte de Villeneuve premier Consul, chez M. M. ses Collegues & les autres Magistrats, à l'Hôtel de M.

F

le Duc de Crillon, à celui de M. le Marquis d'Aulan, & à quelques autres endroits ; cette nombreuſe Nobleſſe qui étoit ſur la
galerie avec Mgr. le Vice-Legat, paſſa dans les grands apparte-
mens du Palais, où Son Excellence avoit fait préparer un des plus
ſomptueux repas qu'on puiſſe donner. La Profuſion & la Délicateſſe y regnoient également, & ſi les Mets qu'on ſervit avoient
de quoi flatter l'œil & le gout, par leur arrangement & leur bonté, le Deſſert fut rémarquable par ſa beauté & ſa ſingularité. On
avoit repréſenté un Parterre émaillé de fleurs, garni d'Arbres
fruitiers, au milieu duquel un Grouppe de Rocailles formoit
divers Baſſins ; & du plus élevé ſortoit un Amour portant les Armes de Monſeigneur le Duc de Bourgogne. Dans les comparti-
mens, des Arcs de Triomphes ſurmontez par divers Génies déſignoient les differentes qualitez qu'on verra briller en ce Prince.
Les fruits & les fleurs étoient de la derniere beauté. On y voyoit
tout ce que Flore & Pomone peuvent diſpenſer de plus beau
& de plus délicieux dans le Printems & dans l'Automne.

ON ſervit dans ce Repas les Vins les plus exquis & les Li-
queurs les plus recherchées ; & pendant qu'on étoit à table, Son
Excellence fit paſſer toute ſorte de rafraichiſſemens à un nombre prodigieux de Perſonnes qu'avoit attiré la beauté d'un coup
d'œil, formé par une Aſſemblée de plus de deux cent Dames ou
Cavaliers, dans une Salle éclairée par un grand nombre de Luſtres & de Girandoles de Criſtal.

L'OPERA a repréſenté les plus belles Pieces, pendant les
trois jours qu'ont duré ces Fêtes ; & pour que tout le monde pût
choiſir parmi la diverſité des plaiſirs, un grand Bal qui duroit
juſqu'au jour ſuivoit les Repréſentations.

LA foule du Monde a toujours été par tout extraordinaire, &
n'a cependant occaſionné aucun déſordre, comme elle en procu-
re ſouvent ; la vigilance du Gouverneur y avoit pourvû ; & par
les ſoins de M.M. les Conſuls & Aſſeſſeur on a eu toute choſe
n abondance.

C'EST par ces Témoignages publics que la Ville d'Avignon a tâché de faire éclater fon zéle , fon attachement & fa reconnoiffance envers l'Augufte Maifon de Bourbon ; & à ces Témoignages elle a joint une Députation folemnelle dont M. le Marquis de Crillon Maréchal des Camps & Armées du Roi, a été chargé pour aller de fa part féliciter Sa Majefté & la Famille Royale fur l'heureux Evenement qui a occafionné les Fêtes. Elle fe flatte que ce Seigneur fera reçû d'autant plus favorablement, qu'il s'eft déja fait connoître digne héritier du nom & de la váleur de celui de fes Ancêtres, qu'on a regardé comme l'un des Boucliers de la France fous les regnes d'Henri III. & d'Henri IV. & qu'on fe fouviendra à la Cour, que c'eft à un autre de fes Ancêtres qui y fut envoyé en 1479. que Louis XI. accorda les premiers Privileges dont la Ville d'Avignon eft redevable aux Rois Très-Chrétiens ; qu'un autre Crillon fut envoyé à François I. en 1533. un troifiéme à Henri le Grand en 1589. & un quatriéme à Louis XIII. en 1638. à l'occafion de la Naiffance de Louis XIV. M. le Marquis de Crillon partit le 7. de Novembre pour aller exécuter fa Commiffion ; & ce jour-là MM. les Confuls & Affeffeur furent le prendre à fon Hôtel dans un des Caroffes de Mgr. le Vice-Légat à fix Chevaux, & l'accompagnerent jufqu'aux Bords du Rhône, avec un nombreux Cortege d'autres Caroffes de Mgr. l'Archevêque & de la Nobleffe, dans lefquels étoient plufieurs autres Magiftrats, MM. les Députez du Clergé , & quantité de Gentils-hommes , pendant qu'une Salve de l'Artillerie annonça fon Départ.

L'EDIFICE du Feu d'Artifice a été confervé jufques au trois de Novembre, afin que tout le Monde eût le tems de le voir ; & il n'eft perfonne qui n'ait fait attention à une Fontaine dont les eaux paroiffant fortir du milieu des Rochèrs qui fervoient de fondement à l'Edifice, formoient plufieurs Cafcades, avant que d'avoir atteint la Plaine ; l'Infcription fuivante : UBIQUE SEM-

PER OMNIBUS PRODEST AQUA VIVA, *l'Eau vive est tou-jours, partout, utile à tout le Monde*, faisoit allusion au nom de Mgr. le Vice-Legat, que la Ville d'Avignon se glorifie d'avoir pour Gouverneur.

LE Sieur Bondon Sculpteur, Dessinateur & Décorateur de cette Ville a parfaitement rempli l'idée & le dessein qui lui ont été donnez par M. le Comte de Villeneuve premier Consul, dont les lumieres, les talens & le zele pour le bien public justifient l'empressement qu'on a témoigné à son Election faite par les suffrages presque unanimes de la Noblesse de la premiere main ; & c'est sous les yeux de ce Magistrat & de MM. ses Collegues empressez également de montrer leur joye à l'occasion de l'heureux Evénement de cette Naissance, & de répondre à la confiance dont Son Excellence & le Conseil les avoient honorés, en les chargeant expressément de l'exécution & de l'arrangement de ces Fêtes, que le sieur Bondon a rempli ce projet avec tant de succès. Les Sieurs Franque Pere & Fils Architectes ont contribué par leur assiduité au travail des Ouvriers, à son heureuse exécution ; & on doit à M. Morenas, Historiographe de la Ville, les Inscriptions, les Emblêmes & les Devises. L'Artifice a été de la Composition des Sieurs Martinot, Tressol, Armand & Balestre, Artificiers de la Ville.

RELATION
PARTICULIERE

Des Fêtes qui ſe ſont données dans Avignon, après celles de la Ville, auxquelles Son Excellence Mgr. le Vice-Legat & M. M. les Viguier, Conſuls & Aſſeſſeur ont aſſiſté.

FÊTE

De M. M. les Chevaliers de l'Ordre Royal & Militaire de Saint Louis, de la Ville d'Avignon.

OUIS le Grand inſtitua l'Ordre Royal & Militaire de Saint Louis, pour récompenſer la valeur des Officiers de ſes Troupes de Terre & de Mer, leur capacité, & leur intelligence dans l'Art de la guerre : c'eſt ce qu'exprime la Legende qui eſt au tour de la Croix : BELLICÆ VIRTUTIS PRŒMIUM. Depuis cette Inſtitution, la Ville d'Avignon peut ſe glorifier d'avoir toujours vû pluſieurs de ſes Enfans revêtus de la Marque honorable de cet Ordre (a) & dans les ſuites pluſieurs ont été élevez à la dignité de Grand-Croix (b) & de Commandeur, qui eſt reſervée pour les Officiers généraux. (c)

(a) Louis Comte de Peruzzis, Capitaine de Vaiſſeau au Département de Toulon fut fait Chevalier à la premiere Promotion.

(b) Louis Dominique Comte de Cambis-Velleron, Lieutenant Général des Armées du Roi, mort en Angleterre Ambaſſadeur de S. M. & Cordon bleu.

(c) Joſeph Marquis de Cambis-Velleron Chef d'Eſcadre des Galeres du Roi.

M. le Marquis de Calviere, actuellement Lieutenant Général des Armées du Roi, & Lieutenant Chef de Brigade des Gardes du Corps.

G

IL y avoit vingt-fix Chevaliers de l'Ordre, originaires d'A-vignon , lorfqu'on célebroit dans cette Ville la Naiffance de Monfeigneur le Duc de Bourgogne : animez du même zéle que le Gouverneur & les Magiftrats, & plus encore par celui qui les diftin-gue dans le fervice du Roi , ces Meffieurs refolurent de donner une Fête particuliere, en mémoire de l'heureux Evénement qui excitoit les tranfports de leurs Concitoyens , & qui les avoit eux-mêmes remplis de joye lorfqu'ils en apprirent la nouvelle.

ILS communiquérent leur projet à Mgr. le Vice-Legat ; & Son Excellence, qui n'a rien de plus à cœur que de montrer en toute occafion fon attachement refpectueux pour le Roi & pour la Fa-mille Royale , promit non feulement d'affifter à la Fête , mais même de contribuer de tout fon pouvoir à la rendre brillante ; & cette Fête fut fixée au 31. Octobre.

LE 27. après midi M. M. les Chevaliers , ayant à leur Tête M. de Folard ancien Colonel d'Infanterie , que le Commentaire Militaire fur Polybe rendra immortel , & qui eft le plus ancien des Chevaliers d'Avignon , s'affemblerent dans la Salle du Monaftere des R. R. P. P. Celeftins , s'y regardant com-me dans une Maifon Royale , puifque ce Monaftere a été fon-dé par le Roi Charles VI. & y délibérerent fur les apprêts de la Fête , qu'ils déterminerent de folemnifer chez ces Religieux, & ils députerent quatre d'entre-eux , pour ordonner la Décoration de l'Eglife , la Mufique, l'Embelliffement de la Cour d'entrée & tout ce qui devoit fervir à rendre éclatante une Fête qu'ils vouloient célebrer en Militaires.

L'EGLISE des P. P. Céleftins fe trouvoit déja décorée à l'oc-cafion de la Fête qu'ils venoient de célebrer eux-memes ; il ne fut queftion que d'en rendre la décoration encore plus magnifique ; les Luftres & les Girandoles de criftal , les Bras & les Termes dorez , les Trumeaux ne furent point épargnez ; en un mot on em-ploya tout ce qui pouvoit contribuer à une décoration des plus brillantes : auffi eft-il difficile d'exprimer l'effet de plus de deux

mille

flambeaux ou Bougies, dont la lumiere se reproduisant dans une quantité extraordinaire de glaces, ôtoit à la vûë la plus ferme, la liberté d'en soutenir l'éclat. Pour désigner que M. M. les Chevaliers faisoient la Fête, on plaça sous le Portrait du Roi, qui étoit au fond du Jubé, une grande Croix de l'Ordre, suspenduë par le Cordon Rouge contre la Balustrade.

ON arrive à l'Eglise des Celestins par une Cour qui forme un Parallegrame irrégulier; on la rendit quarrée par le moyen d'un Edifice de cinquante pieds de hauteur sur environ soixante & dix de largeur, qui représentoit trois grands Portiques de différens Marbres, ornez de Trophées en or, & des Attributs particuliers de l'Ordre de Saint Louis; & cet Edifice couvroit entiérement le Portail de l'Eglise.

UN des Portiques y servoit d'entrée, & l'opposé donnoit celle du Monastére; ils étoient surmontez par une Piramide de lumiere, placée au-dessus d'un Trophée d'Armes, d'où pendoit une Croix de Saint Louis. Celui du milieu, plus élevé de douze pieds, étoit également surmonté par une Piramide de lumiere; & au milieu de la Mosaïque qui ornoit l'Arceau, on voyoit une grande Croix de l'Ordre, entourée de la Legende; BELLICÆ VIRTUTIS PRŒMIUM, qui paroissoit suspendue sur un grand Trophée avec son Piedestal, & avec la Devise du Roi : NEC PLURIBUS IMPAR. Deux autres Piramides s'élevoient sur les Chapiteaux des Pilastres, qui séparoient les Portiques, & tout l'Edifice étoit couronné par un grand nombre de Terrines & de Pots à feu.

VINGT-HUIT autres Piramides, semblables aux premieres, placées dans des caisses, comme des orangers, remplissoient les intervalles d'autant d'Ormeaux, dont la Cour se trouve bordée, & répandoient une lumiere si éclatante, au travers des Arbres, qu'on auroit dit être dans une forêt embrasée. Quantité de Lampions, attachez derriere l'Edifice, en rendoient les differens ornemens resplandissans; & d'autres Piramides au pied des Pilastres, ache-

H

voient de faire la plus belle perspective qu'on puisse imaginer en ce genre. Un nombre exraordinaire de Terrines & Pots à feu, bordoient les Murailles de la Cour à droite & à gauche ; & il y en avoit quantité d'autres sur la Façade exterieure & au-tour du Portail, sur lequel on avoit arboré les Armes du Roi, de Monseigneur le Dauphin, & de Monseigneur le Duc de Bourgogne.

TROIS Salves de vingt-deux grosses piéces d'Artillerie, annoncérent la Fête le Dimanche à la pointe du jour : & sur le midi M. M. les Chevaliers & tous les Militaires, qui se trouvoient dans la Ville, se rendirent à l'Hôtel de Crillon, où M. le Marquis de Crillon, Maréchal des Camps & Armées du Roi, Chevalier de l'Ordre de Saint Louis, fit servir un somptueux & splendide Dîner, dont la délicatesse égaloit la profusion. On y but les santez de N. S. P. le Pape, du Roi, de la Reine, de Monseigneur le Dauphin, de Monseigneur le Duc de Bourgogne & de Mesdames de France, au bruit de plusieurs Décharges de Boëttes, & de quantité d'Artifices, imitant le bruit de guerre, qu'on avoit placez dans le Jardin de l'Hôtel.

SUR les cinq heures M. M. les Chevaliers ailerent en Corps au Palais pour accompagner Mgr. le Vice-Legat, qui se disposoit à venir assister au *Te Deum*. Son Excellence se rendit à pied aux Célestins en habit de Cérémonie avec son grand Cortége, que M. M. les Chevaliers rendoient encore plus brillant. Elle étoit précedée par la Compagnie des Chevaux-Legers, & par la Garde-Suisse, & suivie de ses superbes Equipages. Lorsque le Cortége parut dans la Place du Corps-Saint, les Tambours battirent aux champs ; & les Détachemens de la Garnison, qui depuis midi gardoient les avenuës de la Cour & les portes de l'Eglise, pour que la foule du Peuple laissât une entiere liberté à M. M. les Chevaliers, de faire placer commodément le grand nombre des personnes de Distinction qu'ils avoient invitez, borderent la Haye ; & lorsque Son Excellence fut arrivée à la Porte de l'Eglise, le R. P. Prieur, à la tête de sa Communauté, lui présenta l'Eau bénite.

Mgr. le Vice-Legat s'étant placé sur le Thrône, qu'on lui avoit préparé, & M. M. les Chevaliers ayant formé debout un cercle autour de M. le Chevalier de Folard, qui étoit assis vis-à-vis Son Excellence, en qualité de Doyen des Chevaliers, le P. Prieur entonna le *Te Deum*; & dans le moment une Fusée volante donna le Signal pour trois Décharges de soixante-deux piéces d'Artillerie, qui se firent entendre, pendant que sous la Direction de M. de la Garde, Maître de Musique de la Chapelle de la Reine & de l'Academie Royale de Musique, on chanta le Cantique d'Actions de graces. On exécuta le *Te Deum* de la Lande, & outre les plus excellens Sujets qu'il y eût dans la Ville, M. de la Garde fit entendre la melodie de sa voix & la délicatesse de son chant, soit dans le recit du *Te Deum*, soit dans le *Domine salvum fac Regem* qu'il avoit lui-même mis en Musique, à la priere de M. M. les Chevaliers.

Après l'Oraison que le Célebrant recite à l'issue du Cantique d'actions de graces, M. M. les Chevaliers accompagnerent Son Excellence jusqu'à la porte de la Cour, & les Tambours battirent encore aux champs. Mgr. le Vice-Legat étant monté dans son Carosse, la Garde fut congediée, pour que le Peuple fût libre de voir la Dècoration & l'Illumination de l'Eglise & de la Cour, dont les Portes demeurerent ouvertes jusqu'à dix heures.

ON ne sçut qu'admirer le plus dans cette superbe Fête, ou le brillant qui la caracterisoit, ou le bon ordre qui y regna ; & qui fut un effet de la prévoyance de M. M. les Chevaliers. Ils avoient eu soin d'assigner à la Garde differens postes, afin d'éviter la confusion, dans une occurrance, où il devoit y avoir une des plus nombreuses Assemblées : aussi trouva-t'on en entrant & en sortant, malgré la foule, une aisance que des Militaires sont seuls capables de procurer.

Noms de M. M. les Chevaliers, qui ont donné la Fête, selon l'ordre de leur Reception, avec celui des Corps où ils ont servi, ou dans lesquels ils servent encore. Ces derniers sont marqués par une Etoile.

M. Le Chevalier de Folard, Auteur du Commentaire sur Polybe, Commission de Colonel : fait Chevalier en 1705.

M. de Valouse : *Condé Cavalerie,* en 1717.

M. le Marquis de Montreal Colonel : *Touloufe Cavalerie,* en 1718.

M. de Soiffans : *fur les Vaiffeaux,* en 1731.

M. le Baron d'Aulan : *Orleans Infanterie,* en 1734.

M. le Comte de Brancas Colonel : *Aunis Infanterie,* en 1735.

M. le Duc de Gadagne : *Lieutenant des Gendarmes de la Garde,* en 1736.

M. de Robert, Brigadier : *Lieutenant-de-Roi à Perpignan,* en 1736.

M. de Serre : *Anjou Infanterie,* en 1736.

M. de Montaigu : *Gardes-Françoifes,* en 1738.

M. le Marquis de Crillon * : *Maréchal de Camp,* en 1742.

M. le Marquis de Villefranche : *Gefvres Cavalerie,* en 1743.

M. de Roland, Brigadier : *Gefvres Cavalerie,* en 1744.

M. de Gay * : *Major de Touraine Infanterie,* en 1744.

M. le Marquis de Fortias : *Beaufremont Cavalerie,* en 1745.

M. de Maffillian * : *fur les Vaiffeaux,* en 1746.

M. d'Oyfelay * : *Lyonnois Infanterie,* en 1746.

M. d'Aftier * : *Languedoc Infanterie,* en 1746.

M. de Robert * : Lieutenant-Colonel des Grenadiers Royaux ; *Picardie,* en 1746.

M. le Chevalier de Mantin * : *Briffac Infanterie,* en 1747.

M. de Crochans * : *Briffac Infanterie,* en 1747.

M. de Meziere : *Champagne Infanterie,* en 1747.

M. le Marquis de Javon : *fur les Galeres,* en 1749.

M. de Monery * : *Orleans Infanterie,* en 1749.

M. d'Yveriac * : *Auvergne Infanterie,* en 1749.

M. de Monclar * : *Limoufin Infanterie,* en 1750.

FÊTE

DES R. R. P. P. CELESTINS.

L A premiere des Fêtes particuliéres qu'il y a eu dans Avignon, après celles de la Ville, c'est la Fête des R. R. P. P. Célestins. La reconnoissance en a été le motif; ils ont saisi avec empressement toutes les occasions de faire éclater celle dont ils sont pénetrés, lorsqu'il est arrivé quelque événement qui a pû intéresser les Rois de France & la Famille Royale.

CÉS R. R. Peres ne perdront jamais de vûë les Bienfaits qu'ils ont reçus des Rois Très-Chrétiens, & des Princes de leur Sang ; ces Bienfaits sont presque communs à tous les Monastéres de leur Ordre en France, où il fut établi en 1300. par la piété de Philippe IV. surnommé *Le Bel*, qui avoit eu une vénération particuliére pour leur Saint Fondateur. On le voit par le Monastere de Nôtre - Dame d'Ambert, dans la Forêt d'Orleans, & de Saint Pierre au Mont de Chartres, dans la Forêt de Compiegne, qui sont les Monumens de l'affection de ce Prince envers ces Religieux ; & par celui de l'Annonciation de la Sainte Vierge à Paris, qui est un autre Monument de celle du Roi Jean & de son Fils Charles V. dit *Le Sage* ; mais ces Bienfaits regardent aussi spécialement les R. R. P. P. Célestins d'Avignon.

I

CHARLES VI. qui n'avoit pas moins d'affection pour ces Religieux, que son Pere & son Ayeul, n'eut pas plûtôt appris qu'ils avoient été appellés dans Avignon par Clement VII. que la France regardoit comme Pape légitime, durant le grand Schisme d'Occident, qu'il se déclara le Fondateur & le Protecteur du nouveau Monastere, ainsi qu'il conste par une Charte donnée à Paris, au mois d'Avril, avant Pâques de l'année 1393. & ce Prince envoya pour lors exprès à Avignon le Duc d'Orleans son Frere, & le Duc de Berry son Oncle, pour poser en son nom la premiere pierre de l'Edifice, qui fut bénite par le Cardinal de Foix, de l'Ordre des Freres Mineurs.

CLEMENT VII. qui siégeoit à Avignon, voyant le grand nombre de Miracles que Dieu opéroit journellement par l'intercession du B. Pierre de Luxembourg, Cardinal & Evêque de Metz, qui avoit choisi sa sepulture dans le Cimetiére de Saint Michel, destiné pour les Pauvres de la Ville d'Avignon, appella un Prieur & douze Religieux du Monastere de Gentilly, auprès du Pont de Sorgues, fondé depuis l'an 1356. par le Cardinal Annibald de Ceccano, Evêque de Tusculum, sous le Pontificat d'Innocent VI. & leur confia la garde du saint Corps. La Ville d'Avignon prit ensuite Saint Pierre de Luxembourg pour un de ses principaux Patrons : elle l'invoque dans les tems de calamité, & on en célebre annuellement la Fête avec Octave & avec la plus grande solemnité, le 5. Juillet. Il y a même ce jour-là un Panégyrique du Saint, prononcé en Latin, en présence de Mgr. le Vice-Legat & de M. M. les Viguier, Consuls & Assesseur, en mémoire d'un Miracle des plus éclatans, fait dans cette Ville par l'Intercession de ce Saint Protecteur.

RENÉ d'Anjou, Roi des deux Siciles & Comte de Provence, étant à Avignon en 1476. voulut témoigner l'affection qu'il avoit pour les Peres Célestins de cette Ville ; & par une Charte dattée de la même année, il dota douze Religieux; par une autre Charte de l'année 1497. il confirma la donation qu'il avoit déja faite à cette occasion.

ENFIN, tous les priviléges, prérogatives, & exemptions accor dées par les Rois de France, Charles VI. & par René d'Anjou, ont été fucceſſivement confirmés par les Rois Trés-Chrétiens, & les Comtes de Provence de Régne en Régne ; & particuliérement par des Lettres Patentes de Louis-le-Grand, du mois de Juillet 1643. données à Paris, & du mois d'Août 1674. données à Fontainebleau, & par d'autres Lettres Patentes de Louis XV. le Bien-Aimé, données à Paris au mois de Juillet 1716.

LA reconnoiſſance a donc été le motif de la Fête que les R. R. P. P. Céleſtins d'Avignon ont donné, pour célebrer un événement qui a comblé les vœux de S. M. T. C. de la Famille Royale, & de tout le Royaume; & pour que cette Fête fût conforme à l'eſprit de leur Etat, la pieté & la Religion l'ont animée. Ayant déterminé de la folemniſer le 27. Octobre, ils firent préparer auparavant une quantité fuffiſante de Pains pour les diſtribuer à tous les pauvres qui ſe préfenteroient ; Ils en virent raſſembler dans la Cour de leur Monaſtere plus de mille, le 26. après midi que ſe fit la Diſtribution ; & on leur enjoignit, en leur donnant un pain à chacun de faire au Ciel des Vœux pour la conſervation de l'Auguſte Prince dont l'heureuſe naiſſance leur procuroit cette Aumône.

Le Monaſtere avoit été illuminé par des Fanaux & des Pots à feu pendant les trois jours des Fêtes de la Ville ; les Cloches annoncérent le ſoir du troiſiéme jour, que cette Fête particuliere ſe feroit le lendemain ; & le Carrillon ſe fit entendre de nouveau à la pointe du jour le 27. qu'elle devoit être célebrée.

L'EGLISE avoit été décorée avec toute la magnificence dont elle eſt fufceptible ; on y voyoit de riches Tapiſſéries de verdure ; & quantité de Luſtres & de Girandoles de Criſtal garnis de Bougies, & des Trumeaux placez dans les intervalles, qui reflechiſſant la lumiere rendoient le coup d'œil éblouiſſant. Le Portrait du Roi étoit au fond du Jubé, ſous un ſuperbe Dais de Velours bleu orné des Armes de France ; deux grandes courtines de Damas ſémées de fleurs de Lis d'or deſcendoient juſques ſur la

Baluſtrade & le **Daiz** étoit terminé par une Imperiale au haut de laquelle il y avoit un Globe d'azur fleurdelyſé qui ſuportoit la Couronne Royale

SUR les dix heures du matin, les Religieux chantérent une Meſſe Solemnelle en actions de graces de l'heureux accouchement de Madame la Dauphine ; & ſur les cinq heures du ſoir Mgr. le Vice-Legat, avec ſon brillant Cortege, M. M. les Viguier, Conſuls & Aſſeſſeur ſe rendirent à l'Egliſe en Cérémonie, & furent reçûs à la porte par le R. Pere Prieur à la Tête de ſa Communauté. Son Excellence s'étant placée ſur le Trône qui lui avoit été préparé, le P. Prieur entonna le *Te Deum* qui fut enſuite chanté par le même Chœur de muſique, qui les jours précedens avoit exécuté ceux qu'on avoit chanté dans la Métropole, & fut ſuivi de l'Antienne *Domine Salvum Fac Regem* que les P. P. Céleſtins ont coutume de chanter dans toutes les Solemnitez

UNE décharge des Boëtes du Palais annonça le *Te Deum*, & fut le ſignal de l'Illumination d'un magnifique Arc de Triomphe élevé contre la Façade exterieure du Monaſtere, qui ſert de Perſpective à la Place nommée *le Corps-Saint*, en mémoire du Corps de S. Pierre de Luxembourg qui eſt dans l'Egliſe des R. R. P. P. Céleſtins.

L'ARC de Triomphe d'ordre Corinthien étoit terminé par les Armes de France ſoutenuës par deux Anges; & on voyoit au milieu de l'Entablement que ſuportoit la Corniche, le Genie de la France à qui S. Pierre Céleſtin préſentoit les Armes de l'Ordre, qui ſont une Croix d'argent avec un S. du même métail paſſée au pied, ſur un champ d'azur, & deux fleurs de Lis d'or a côté, que Philippe le Bel permit aux Céleſtins d'ajouter pour diſtinguer leur Congregation de France: la Lettre S. deſignant le Saint Eſprit : *Spiritus Sanctus*, parceque le Monaſtere Chef de tout l'Ordre eſt dedié à cette troiſieme & adorable Perſonne de la Très Sainte Trinité.

L'INSCRIPTION fuivante , placée fur la Frife indiquoit le Sujet de la Fête : NOS QUOQUE PERENNIS GALLIARUM LÆTITIÆ CONSORTES : & au deffus de deux Trophées d'Armes en or placés entre des Colomnes couplées de Porphyre qui formoient le Portique , étoient deux Emblêmes , dont l'un défignoit la Pieté , repréfentée par une Femme qui au lieu de cheveux avoit des flammes qui s'élevoient fur fa tête , des ailes au dos , la main gauche appuyée fur le cœur , & dans la droite une Corne d'abondance d'où fortoient diverfes chofes néceffaires à la vie de l'Homme. Cette Femme étoit vetuë de rouge , comme fœur & compagne de la Charité , à qui cette couleur eft particulierement refervée. Elle avoit des ailes pour montrer quélle eft fa viteffe fur toutes les autres Vertus , puifqu'elle fe porte en un inftant de la Terre au Ciel ; les flammes qui lui fervoient de cheveux marquoient que plus l'efprit s'embrafe de l'amour de Dieu , plus il s'exerce à la pieté , dont les chofes céleftes font le premier objet ; par la main gauche appuyée fur le cœur , elle donnoit à entendre que l'Homme pieux montre fa charité par des œuvres généreufes & faites fans oftentation , fans défir de vaine gloire : en un mot avec fincerité ; enfin la Corne d'abondance qu'élle tenoit en fa main droite fignifioit que lorfqu'il s'agit de faire des œuvres de pieté , il ne faut pas tenir compte des chofes periffables de la Terre , mais en faire part liberalement à ceux qu'on fçait être dans le befoin ; la Légende de cet Emblême portoit ces mots : SURSUM ET DEORSUM.

LE fecond Emblême repréfentoit la Charité figurée par une Femme qui tenoit à la main un Cœur enflammé , & diftribuoit de l'autre du pain à des enfans qui l'environnoient. Cette vertu qui comprend elle feule toutes les autres , marquoit ici par le cœur enflammé l'ardeur de fon zele qui ne fe rallentit jamais ; les enfans qui l'environnoient montroient qu'elle fait ordinairement fa demeure dans les Ames pures & innocentes ; & la Legende étoit conçûë

K.

en ces termes pour achever de la caracterifer: NUSQUAM DEFICIT.
Les Armes de Monfeigneur le Dauphin & de Monfeigneur le Duc
de Bourgogne, avoient été placées fous la Corniche dans les paneaux
qui terminoient l'Edifice.

PLUSIEURS Milliers de Lampions éclairoient cet Arc de Triomphe, furmonté par cinq grandes Piramides de Lumieres, entre
lefquelles, on avoit placé divers Pots à feu, dont la lueur diverfi-
fioit le coup d'œil de l'Illumination génèrale ; il y en avoit encore
quantité d'autres au tour du Monaftere, & fur l'Eglife, qu'on pouvoit découvrir de fort loin ; & le tout enfemble faifoit paroitre le
Bâtiment, en feu.

TOUT étoit éclairé lorfque Mgr. le Vice-Legat & M. M. les Viguier, Confuls & Affeffeur fortirent de l'Eglife après le *Te Deum* ; fur les
fept heures on alluma dans la Place un grand Bucher ; & on tira
une grande quantité de Fufées volantes & d'autres Artifices. Il y eut
un concours extraordinaire de Monde à cette Fête : & Son Excellence & M. M. les Magiftrats fe firent un vrai plaifir d'y affifter afin de donner une nouvelle preuve de leur attachement refpectueux pour l'Augufte Maifon de France, & de leur affection pour
les R. R. P. P. Céleftins.

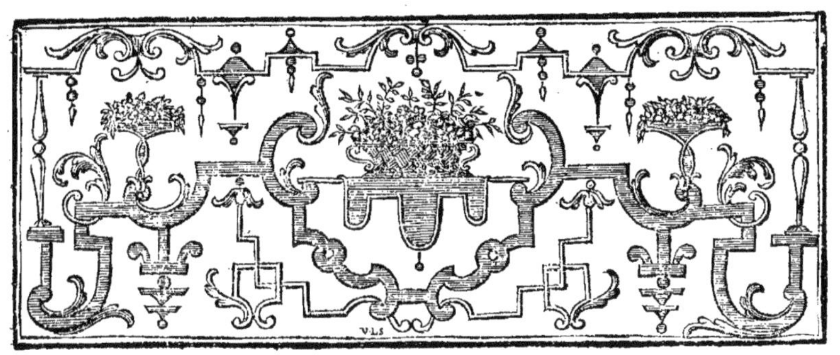

FÊTE
DU COLLEGE
DE LA COMPAGNIE DE JESUS.

ES R. R. P. P. Jesuites du College d'Avignon auroient souhaité de pouvoir célebrer par une Fête particuliere l'heureuse Naissance de Monseigneur le Duc
de Bourgogne, pendant que cette Ville à donné les
siennes ou immediatement aprés. Le zele respectueux
de la Compagnie pour l'Auguste Maison de Bourbon les y excitoit assez : c'étoit d'ailleurs une circonstance trop favorable de
marquer leur vive reconnoissance pour les Bienfaits insignes qu'elle a reçus en divers tems des Rois Trés-Chrêtiens & des Princes
de leur Sang. D'un autre côté, ils n'ont pas oublié qu'ils doivent
leur établissement dans Avignon aux soins des Magistrats de cette Ville, lorsqu'ils furent envoyés en 1593. par le Cardinal Ale-
xandre Farnese Neveu de Paul III. Fondateur de leur Maison

profeſſe de Rome , qui en étoit Archevêque ; & ils auroient deſiré d'unir les Tranſports de leur joye à ceux que les Habitans ont fait paroitre pendant les Fêtes de la Ville ; mais un obſtacle invincible s'oppoſoit à l'execution de leur projet.

Leur College ſe trouvoit fermé à cauſe des Vacances , les Ecoliers diſperſez ; & dans la Fête qu'ils ſe propoſoient de donner , leur principal objet étoit d'animer dans la Jeuneſſe qui eſt confiée à leurs ſoins , les ſentimens qu'ils tachent de lui inſpirer pour tout ce qui peut intereſſer le Roi & la Famille Royale. Il failloit donc néceſſairement attendre la rentrée des Claſſes ; & c'eſt alors qu'ils ont taché de ſolemniſer un Evénement qui a comblé les Vœux de toute la France.

Le Profeſſeur de Rhetorique fit l'ouverture des Claſſes par le Genethliaque de Monſeigneur le Duc de Bourgogne , & prononça ſon Diſcours le 3. Novembre en préſence de Mgr. le Vice-Legat , de M. M. les Viguier , Conſuls & Aſſeſſeur , & d'une nombreuſe aſſemblée compoſée de tout ce qu'il y a de plus diſtingué dans la Ville ; la Piece , où la beauté du ſtile , la délicateſſe des penſées , & la juſteſſe des Eloges que fit l'Orateur du Roi , de la Reine , & des Princes de la Maiſon Royale , brilloient également , fut univerſellement applaudie.

Le College une fois ouvert , le zéle des P. P. Jeſuites n'eut plus de bornes ; ils choiſirent parmi leurs plus jeunes Eleves des Sujets propres à executer un Drame paſtoral intitulé ; l'*Age d'Or fixé dans la Grece* : Piece en trois Actes compoſée exprez pour la Fête , & tirée de l'Hiſtoire des Héraclides ſi fameux dans le Peloponeſe par leur valeur & par leur équité ; & dez le 17. Novembre les Acteurs furent en état de repréſenter. Il y avoit lieu d'en être ſurpris ; mais que ne peut-on pas attendre quand l'eſprit & le cœur agiſſent unanimement.

Le Theatre étoit dans la Salle ordinaire des Spectacles , où l'on avoit élevé un Trône pour Mgr. le Vice-Legat , qui avec M. M.

les Viguier, Confuls & Affeffeur devoient venir affifter à la Ré-
préfentation. On y avoit en meme tems placé le Portrait de Monfeigneur le Duc de Bourgogne fous un Dais ; & comme fi cet Augufte Prince, qui paroiffoit dans fon Berceau, eût été préfent, les
Acteurs lui portérent la parole, lorfqu'ils recitérent le Compli-
ment & les autres Piéces qui lui étoient adreffées. La Porte d'entrée étoit décorée par les écuffons des Armes du Roi, de Monfeigneur le Dauphin & par celles du Jeune Prince & diverfes Figures
qui avoient raport à fon heureufe naiffance ; la Cour qui conduit à
la Salle avoit été changée en une Galerie de Verdure où des Luftres, des Girandoles, des Lampions & des Pots à feu formoient
un coup d'œil des plus agréables ; & la Perfpective étoit terminée par un Arc de Triomphe d'Ordre Corinthien, furmonté par
les Armes de France, & dont la Frife portoit cette Infcription :
ÆTERNÆ POPULORUM FELICITATI C. A. S. J.

Au moment que Mgr. le Vice-Legat parut à la Porte du College, une Décharge des Boëtes annonça la Fête ; l'Affemblée étoit
également nombreufe & choifie ; & l'execution de la Paftorale eut
un fuccez au-delà de toute efperance. Les Intermedes des deux
premiers Actes furent remplis par des Chanfons, & le troifieme fut
fuivi d'une Cantate fur la Naiffance du Prince qu'on célebroit.
Lorfque Son Excellence fortit de la Salle, on fit une feconde
Décharge des Boëtes, qui fut fuivie par quantité de Fufées ; &
immediatement après, la Tour du College parut illuminée par un
grand nombre de Pots à feu.

A cette Fête a fuccedé la publication de plufieurs Piéces de Poëfie tant en François qu'en Latin, dont le Recüeil contenant des
Odes, des Poëmes, des Epitres, des Elegies, des Rondeaux, à
été dédié à Mgr. le Vice-Legat.

L

FÊTE

DE M. LE MARQUIS D'AULAN.

C'EST pendant les Fêtes de la Ville que l'Hôtel de M. le Marquis d'Aulan, comme celui de M. le Duc de Crillon, a été illuminé d'une maniere à attirer la curiosité publique. Une prodigieuse quantité de Lampions, un grand nombre de pots à feu, & des bras dorez portant des flambeaux de cire blanche, artistement placés sur toute la façade de l'Hôtel depuis le Rez de chaussée jusqu'au Faite, formoient l'illumination. Les Lampions garnissoient les Pilastres, jusqu'à l'apuy des premieres croisées, & suivoient l'ordre de l'Architecture ; & du fronton de la Porte s'élevoit un piedestal qui supportoit trois grandes Piramides surmontées par des Globes d'azur semez de Fleurs de Lis d'or comme tout l'entablement, & également entourez de Lampions. Les Armes de Monseigneur le Duc de Bourgogne étoient au milieu de la plus haute Piramide entourées pareillement par un grand nombre de Lampions ; les bras dorez étoient placés contre les appuis des premieres croisées, du milieu desquelles s'élevoient des Piramides de lumiere représentant des Ifs enflammez, les secondes croisées, de même que le Faite du Bâtiment, étoient garnies par les Pots à feu. Cette Illumination dura presque toute la nuit ; & fut accompagnée par quantité d'artifices & par les fanfares qui ne cesserent point de joüer ; & il y eut continuellement un grand concours de personnes de distinction attirées par la beauté de cette Illumination.

www.ingramcontent.com/pod-product-compliance
Ingram Content Group UK Ltd.
Pitfield, Milton Keynes, MK11 3LW, UK
UKHW021642090726
13657UKWH00004B/1710